QUESTÕES CRIMINAIS

O livro é a porta que se abre para a realização do homem.

Jair Lot Vieira

Cesare Beccaria

QUESTÕES CRIMINAIS

Tradução
EDSON BINI

Copyright da tradução e desta edição © 2022 by Edipro Edições Profissionais Ltda.

Todos os direitos reservados. Nenhuma parte deste livro poderá ser reproduzida ou transmitida de qualquer forma ou por quaisquer meios, eletrônicos ou mecânicos, incluindo fotocópia, gravação ou qualquer sistema de armazenamento e recuperação de informações, sem permissão por escrito do editor.

Grafia conforme o novo Acordo Ortográfico da Língua Portuguesa.

2ª edição, 2022.

Editores: Jair Lot Vieira e Maíra Lot Vieira Micales
Coordenação editorial: Fernanda Godoy Tarcinalli
Tradução: Edson Bini
Revisão: Brendha Rodrigues Barreto
Diagramação: Aniele de Macedo Estevo
Capa: Karine Moreto de Almeida
Imagem da capa: *Os iluministas da Accademia del Pugni*, por Antonio Perego, 1762

Dados Internacionais de Catalogação na Publicação (CIP)
(Câmara Brasileira do Livro, SP, Brasil)

Beccaria, Cesare, 1738-1794.

Questões criminais / Cesare Beccaria ; tradução Edson Bini. – 2. ed. – São Paulo : Edipro, 2022.

Título original: Consulte Criminali

ISBN 978-65-5660-089-5 (impresso)
ISBN 978-65-5660-090-1 (e-pub)

1. Criminologia 2. Delito (Direito penal) 3. Direito penal I. Título.

22-113840 CDU-343.9

Índice para catálogo sistemático:
1. Criminologia : Direito : 343.9

Cibele Maria Dias – Bibliotecária – CRB-8/9427

São Paulo: (11) 3107-7050 • Bauru: (14) 3234-4121
www.edipro.com.br • edipro@edipro.com.br
@editoraedipro   @editoraedipro

SUMÁRIO

Sobre o autor 7
As Consultas Criminais 13

QUESTÕES CRIMINAIS

  I Sobre a polícia (1790) 17
 II Breves reflexões acerca do que concerne aos delitos políticos (1791) 31
III Sobre o projeto penitenciário (1791) 53
IV Visando melhorar a sorte dos condenados (1789-1791) 61
  V Sobre a casa de correção (1791) 75
VI Voto sobre a pena de morte (1792) 83

SOBRE O AUTOR

Primogênito de uma família nobre da Pávia, *Cesare Beccaria* nasceu em Milão em 15 de março de 1738.

Herdando o título de marquês, viveu os primeiros anos na suntuosa residência de *Via Brera*. Quando completou oito anos, foi enviado a Parma, onde principiou os estudos no Colégio Farnesiano dos jesuítas, permanecendo em regime de internato até os dezesseis anos. Após deixar os jesuítas, ingressou na Universidade de Pávia, na qual estudou direito de 1754 a 1758.

Formado, retornou a Milão, mas, sem se dedicar às atividades advocatícias, continuou a depender das finanças da família, o que o forçou a se submeter sem restrições à rígida autoridade paterna. Frequentou a *Accademia dei Trasformati*, um círculo cultural em voga na época, onde conheceu muitos jovens como ele, da alta sociedade milanesa, inclusive vários intelectuais, como Giuseppe Parini.

Entre os anos de 1760 e 1761, a vida mundana de Beccaria, caracterizada pela comodidade e placidez, é tumultuada por certos fatos responsáveis por uma brusca transformação, determinando, de forma direta, sua futura independência, dentre eles: conhece Teresa Blasco e se apaixona.

Teresa Blasco era filha de um oficial e, embora contasse com a possibilidade de herança de um tio português, era moça de condição socioeconômica inferior à de Beccaria, não tendo, por isso, oportunidade de oferecer um dote compatível com a posição dos Beccaria Bonesana.

Conhece e torna-se amigo de Pietro Verri e, assim, descobre a filosofia, especialmente em razão do iluminismo.

Diante da firme oposição dos familiares ao casamento e dos crescentes desentendimentos com o pai devido ao seu projeto de casar-se com Teresa, a ruptura com a família torna-se iminente. Beccaria visita Teresa com a maior frequência possível e remete-lhe cartas apaixonadas.

Apesar da intervenção do coronel, pai da jovem, Giovanni Saverio (pai de Cesare) manteve sua férrea oposição.

Em 14 de fevereiro de 1761, por meio de uma carta, Beccaria rompe respeitosamente com o pai, deixando a casa dos Beccaria Bonesana, e, poucos dias depois, sem a bênção paterna e materna, e sem mais o amparo financeiro da família, casa-se com Teresa Blasco.

Os próximos meses serão de pobreza e privações para o casal, além de muitas dívidas contraídas. Foi certamente graças aos amigos (principalmente o conde Pietro Verri e Giambattista Biffi) que não foram reduzidos à completa miséria. Na verdade, a situação foi alterada graças a um expediente de Verri que levou Beccaria à reconciliação com a família.

Foi nesse período que o jovem Cesare começou a escrever. Seu primeiro texto político importante, publicado em 1762 em Lucca, foi o opúsculo intitulado *Del disordine e de' rimedi delle monete nello Stato di Milano nell'anno 1762* (*Da desordem e das correções monetárias no Estado de Milão em 1762*).

Com o estímulo de Pietro Verri (com cuja família romperia no futuro), Beccaria inicia a redação de *Dei delitti e delle pene* (*Dos Delitos e das Penas*) em março de 1763, findando a obra já no começo de 1764.

Nesse mesmo ano, em julho, o tratado que viria a revolucionar a concepção do Direito Penal em toda a Europa era publicado em Livorno. Cesare Beccaria tinha então apenas vinte e seis anos, e nas primeiras edições seu nome não constou no frontispício do livro.

O sucesso da obra foi tão imediato quanto a reação dos meios políticos e jurídicos italianos. Ferdinando Facchinei classificou a obra como um *ato de impiedade,* e rotulou seu autor de "perigoso socialista".

Tudo em vão, pois já no ano seguinte *Dos Delitos e das Penas* era publicado em francês, e em 1766 entrou no *Index*.

O êxito e a fama conduziram Beccaria a Paris, sede do iluminismo europeu, mas, por estranho que pareça, ele permaneceria ali somente um mês. Aquele mundo, de fato (e não no domínio das ideias) constrangeu o sensível e esquivo milanês.

Beccaria voltou a Milão e, aconselhado pela esposa, empenhou-se em estabelecer novas amizades e relacionamentos no ambiente político e administrativo local, a despeito dos muitos desafetos que já granjeara com a publicação do seu livro-bomba, que continha uma crítica ferrenha ao sistema penitenciário vigente e aos próprios princípios que norteavam o Direito Penal da época na Europa.

Nessa oportunidade, quase aceitou a proposta de Catarina II, da Rússia, para colaborar na reforma legislativa por ela pretendida.

Entretanto, como os impulsos e as ações humanos não são regidos, a rigor, pela lógica formal, mas por uma "lógica interna" ditada pelos interesses, Beccaria foi dissuadido a acolher tal proposta pelo próprio Governo milanês, que já se propunha a destinar-lhe tarefas acadêmicas.

Assim, em dezembro de 1768, foi nomeado professor de "ciências camarárias", ou seja, de economia pública e ciência da administração, para as Escolas Palatinas de Milão.

Beccaria devotou-se assiduamente a esse mister paralelamente à produção de escritos mais ou menos pertinentes até 1772. Como se tornara no ano anterior integrante do Supremo Conselho de Economia Pública de Milão, decidiu-se a deixar o magistério para dedicar-se aos cargos públicos com exclusividade.

Cesare Beccaria iniciou, nessa ocasião, uma longa carreira pública, que só viria a terminar com sua morte, em 28 de novembro de 1794.

A contribuição de Beccaria no desempenho dos vários cargos burocráticos que ocupou durante mais de duas décadas está associada, sobretudo, à assessoria jurídica prestada ao Governo de Milão, sob a forma de pareceres técnicos sobre questões que tramitavam entre vários departamentos do Governo.

Na magistratura "camarária" (economia pública e administração), Beccaria encarregou-se da *anona* (setor de abastecimento alimentar). Em 1778 foi magistrado provincial responsável pela Casa da Moeda e integrante da delegação incumbida da reforma monetária; em 1779 passou a ocupar cargo que tratava da saúde pública. Em 1786, com a constituição do Conselho de Governo da Lombardia, passou a cuidar de assuntos diversos relacionados com a agricultura, a indústria e o comércio.

Finalmente, em 1789, o insigne penalista foi transferido para o departamento que cuidava dos códigos legais, das questões judiciárias, do abastecimento e, especificamente, dos problemas da Penitenciária de Pizzighettone, da Casa de Correção. Em 1791 foi nomeado membro da Junta para a reforma do sistema judiciário civil e criminal. Logo a seguir, foi transferido para uma Comissão especialmente criada para tratar exclusivamente das reformas penais e da polícia. Foi, a propósito, no desempenho das atividades desse cargo que Beccaria, em 1792, trouxe a lume o *voto* pela eliminação da pena de morte.

Edson Bini

AS CONSULTAS CRIMINAIS

As *Consulte Criminali*, que chamamos nesta edição, de forma mais lata, de *Questões Criminais*, estão naturalmente situadas na última fase da atividade literária e profissional de Beccaria.

Obviamente, sendo pareceres técnicos jurídicos, de cunho burocrático e eminentemente prático, premidos por despachos ministeriais e determinados por ordens expressas e diretas de superiores hierárquicos do Governo e, com frequência, da própria autoridade máxima de Milão, são textos específicos e direcionados que, mesmo não apresentando nem o estilo brilhante e elegante, nem o profundo conteúdo filosófico da obra-prima de Beccaria, *Dos Delitos e das Penas,* são pareceres preciosos devido, principalmente, a dois motivos: *primeiro* porque nos permitem assistir a Beccaria pôr em prática, em uma certa medida, parte de sua teoria penal humanitária, ventilada e sustentada precisamente em *Dos Delitos e das Penas*; *segundo* porque, a despeito da dita especificidade com viés intempestivo do teor dos textos, estes mesmos textos possibilitam interessantíssimas e proveitosas analogias com questões que, em termos gerais e paradoxalmente, permanecem crucial e, infelizmente, atuais no mundo ocidental contemporâneo, nomeadamente *a questão penitenciária, a dos direitos humanos e a da reorganização e transformação das polícias.*

Nestes pareceres, o estudioso do Direito, e mesmo o jurista sediado na área criminal e da execução penal, encontrarão exemplos concretos e metodológicos de "consultoria jurídica", que nortearão os estudos para a melhor interpretação da doutrina jurídica penal.

Edson Bini

QUESTÕES CRIMINAIS

I
SOBRE A POLÍCIA
(1790)

Não se pode negar que as Constituições do Domínio de Milão, as Leis Municipais Estatutárias e as Ordens Soberanas não atendem ao bem da sociedade civil. Mas, também, não se pode negar que com o novo regulamento de polícia, não se obtém esse atendimento e importante propósito com maior facilidade, e que as diretrizes para os distritos policiais em muitas partes não atendem ao bem público mais de perto do que se atendia mediante as antigas leis e regulamentos passados. Uma prova irrefutável disso é fornecida pelas diretrizes gerais para os distritos policiais.

1

Atendia-se ainda no passado as matérias de decência pública, que incluíam também o culto externo da religião, bem como as matérias que diziam respeito à tranquilidade e à saúde dos cidadãos, ficando o zelo pelas primeiras a cargo dos Pastores eclesiásticos com o apoio dos dicastérios reais e civis nos casos em que surgisse a necessidade de correção, contenção e prevenção, enquanto as segundas, posteriormente, ficaram a cargo dos Departamentos de Saúde, de Provisão e de Justiça, cada um em sua província.

Ninguém, entretanto, poderá na verdade afirmar que, no passado, não ocorressem maiores desordens, particularmente homicídios e furtos, principalmente na cidade de Milão, do que passaram a ocorrer depois do estabelecimento do Departamento de Polícia. Isso deveria, indubitavelmente, repetir-se diante dos meios postos em prática, ao que nos referiremos na sequência, e diante da vigilância do próprio Departamento no sentido da prevenção, vigilância que, no passado, não podia tampouco ser praticada com a necessária exatidão por falta dos meios convenientes, em relação aos quais hoje se conta com o Departamento mencionado anteriormente, seja devido ao maior número de indivíduos que o compõem, seja pelas guardas que o assistem e que não existiam no sistema passado, seja, finalmente, por terem sido fechadas as tabernas que surgem por conta do vício e dos desregramentos da juventude de más tendências.

Não fora, então, introduzida a prática hoje vigente, junto ao Departamento de Polícia, da listagem de todas as pessoas que habitam esta cidade, da qual se extrai exatamente nome, sobrenome, idade, pátria, condição, emprego e conduta. Incomparável é a vantagem que deriva dessa operação para quem está incumbido da prevenção dos delitos.

Mesmo no passado era obrigação dos taberneiros e hospedeiros informar sobre as pessoas estrangeiras que se hospedassem em seus estabelecimentos. Não se agia, porém, com a diligência que é hoje praticada, quer por ser a obrigação estendida também aos particulares, quer por ser introduzido no Departamento supracitado o registro de todos os hóspedes, de modo que, com a máxima facilidade, era possível obter informações perfeitas a respeito da estada de qualquer estrangeiro nesta cidade, a partir da instituição do Departamento pertinente, o que, com prejuízo dos propósitos políticos, não era de se esperar ser obtido célere e acertadamente no sistema passado, porque faltava o livro de registro dos hóspedes, o qual era mantido sem ordem, não havendo qualquer espécie de controle confiável.

Às portas da cidade não existia, no passado, quem vigiasse, como fazem hoje os policiais, a fim de estar perfeitamente a par dos estrangeiros que entram e saem, objetivando estabelecer um controle mediante a comparação dos registros das hospedarias e aqueles particulares do Departamento, resultando no benefício de descobrir os que, por alguma finalidade dissimulada, desejariam introduzir-se furtivamente na cidade, ou desta ausentar-se com o desconhecimento daquele que zela pela boa ordem e pela segurança pública.

O Capitão de Justiça, aos cuidados de quem estava no passado à polícia, por ser auxiliado por um único vicário e três assessores, e desviado por numerosas e importantes causas criminais, estava incapacitado a prevenir com rapidez e precisão os pequenos inconvenientes cotidianos que ocorriam nos seis distritos da cidade, bem como a tomar providências imediatas que obstariam os males maiores, na privacidade das famílias entre pai e filho, marido e mulher, e entre um cidadão e outro, o que atualmente, com sucesso e satisfação do público é obtido graças ao trabalho dos comissários distribuídos nos seis bairros da cidade. Cada um desses comissários, ou oficialmente ou mesmo na sua própria habitação, percebe as ocorrências envolvendo as pessoas de seu distrito, toma medidas diante dos casos imediatos e tudo reporta ao comando para as providências ulteriores, sem que os contendores, devido a ligeiras discussões, sejam expostos às despesas de um processo e à possibilidade distante e incerta do êxito deste, como acontecia, entretanto, no passado.

A vantagem da distribuição de um dos comissários em cada bairro é evidenciada pela prontidão com a qual estão habilitados a acorrer, escoltados por suas guardas, para apaziguar os tumultos, as rixas; para providenciar a extinção dos incêndios e conter os escombros que constituem ameaças em seu respectivo distrito, o que no passado não se conseguia com essa necessária rapidez.

No sistema passado, as rondas noturnas, as quais deveriam resultar na maior redução de furtos, rixas, agressões e homicídios, não eram comuns e ininterruptas como hoje, já que naquele tempo eram feita de forma esporádica e, principalmente, quando ocorria alguma desordem. Atualmente, um dos comissários, por turno, ronda toda noite com escolta de oito guardas, com o fito de patrulhar as estradas, as estalagens públicas e os lugares suspeitos onde possa deter pessoas suspeitas e impedir os inconvenientes, enquanto outros guardas costumam rondar por partes em toda a cidade com o objetivo de impedir furtos e outros delitos. E certamente seria mais vantajoso o resultado das diligências supracitadas se os guardas fossem em maior número, visto que estes são pouquíssimos para uma cidade tão extensa e populosa como Milão, onde, a propósito, existe pouco mais que o número suficiente de estalagens, tabernas e casas de pasto com comodidade pública, mediante o módico pagamento da adequada licença, comodidade que seria inconveniente ampliar-se, precisamente porque, com a escassez de guardas, faltariam os meios de vigiar com a necessária assiduidade tais lugares públicos, frequentados pelos ociosos e cidadãos de maus pendores.

No sistema passado, não era da competência do Capitão de Justiça obter por via auxiliar a observância de todas as ordens e regulamentos relativos aos assuntos de saúde e abastecimento, devendo o departamento tomar providências por si mesmo diante de casos realmente imediatos, e devendo, nos outros, comunicar, mediante notificação, o ocorrido à congregação municipal, não se podendo em verdade contestar que a cooperação do departamento nesta matéria muito influi no bem público.

Também no sistema passado empregavam-se os requisitórios entre o Capitão de Justiça e os demais juízes do Estado. Mas geralmente não eram postos em prática, exceto quando acontecia, diante de uma tentativa ou consumação de crime, de procurar prender o criminoso. Hoje, o Departamento de Polícia, em conformidade com seu instituto de prevenir os crimes, mantém, com este propósito, uma correspondência com as intendências políticas e com todos os pretores delegados do Estado, a fim de receber e enviar, para efeito de prevenção, informações adequadas a respeito do ponto onde impedir a consumação do mal iminente, o que muitas vezes é realizado com grande êxito.

Não se trata aqui de ocultar que durante as guerras do passado foram pouquíssimos os ociosos e réus de pequenos delitos forçados pelos tribunais de justiça a prestar o serviço militar; pelo contrário, na vigência do atual sistema, muitos súditos do Estado que viviam na vadiagem e no vício foram recolhidos e entregues aos militares, do que estes dão indiscutível testemunho.

Do que foi dito até agora, pode-se concluir com acerto que as incumbências confiadas nas províncias do Estado às intendências políticas e aos seus delegados, e em Milão ao Departamento de Polícia, não eram nem tampouco podiam ser, no passado, desempenhadas com a rapidez e êxito hoje evidenciados, uma vez que os departamentos descontinuados não dispunham dos meios e de uma melhor organização.

2

Ainda que o chefe de polícia de Milão não esteja sujeito à censura dos tribunais, mas diretamente sujeito ao Ministro Plenipotenciário e ao Conselho do Governo, pelo qual, em qualquer caso, é investigado o seu procedimento, ficando definida e circunscrita a autoridade do mesmo por suas instruções, as quais suficientemente atendem à segurança e tranquilidade públicas, não se pode, nem com boa razão, considerar arbitrário o exercício das incumbências confiadas aos agentes de polícia, visto que estes também procedem mediante instruções claras e aprovadas e, se, às vezes, por conta de algum zelo mal interpretado, um deles se excede, não tem deixado o Ministro Plenipotenciário e o Conselho do Governo de conter nos justos limites os transgressores, inclusive mediante da remoção da incumbência de acordo com as circunstâncias, e relatório das investigações que por vezes eram feitas somente pelas guardas, nunca, porém, em número inferior a cinco, principalmente nas adegas dos mercadores de vinho que violam os regulamentos em vigência, já que estimulavam nessa numerosa classe de pessoas o descontentamento, agora por disposição do próprio Departamento intervindo sempre com as guardas um dos comissários inspetores, o que sucede também nas outras investigações feitas ordinariamente, ou para descobrir contraventores das ordens, ou algum outro corpo de delito. São investigações que, além disso, jamais são executadas se não procederem com base, ao menos, em suspeitos, do que se deduz como insubsistente a manifesta angústia dos cidadãos que se desejaria manter expostos, no presente sistema, a inquirições caprichosas e a indevidos constrangimentos para o descrédito do próprio Departamento.

Uma prova do que foi até aqui dito é não ter até agora a comissão político-judiciária, para tal efeito reunida, podido – apesar das vagas acusações contra o Departamento de Polícia – citar casos específicos, e ainda menos prová--los, nos quais tenha o próprio Departamento abusado da autoridade que lhe cabe e ultrapassado os limites de sua própria jurisdição, o que, aliás, não poderia acontecer impunemente, uma vez que os protocolos dos delegados políticos são semanalmente revistos pelas Intendências Políticas, em seguida submetidos em conjunto às próprias Intendências e à censura do Conselho. Ademais, os protocolos do Departamento de Polícia de Milão, dos quais resultam precisamente todas as operações do próprio Departamento, são necessariamente examinados primeiramente pelo Ministro Plenipotenciário, depois também pelo Conselheiro do Departamento II Mse. Beccaria, a cujas máximas diretrizes os Departamentos de Polícia se achavam sempre adstritos, remediando-se quando ocorre com a autoridade superior, o que no sistema anterior, em que era desconhecida a cautela do protocolo, impossibilitava obter o plano exato de operações, principalmente nas pequenas faltas, com a precisão que hoje se obtém.

É bastante verdadeiro que a força das pretorias é escassa, força pela qual são subsidiadas, em caso de ocorrências, as Intendências Políticas. Entretanto, havendo uma boa harmonia entre os delegados e as Reais Intendências, não pode ocorrer, como a experiência o demonstrou, o caso de, com relação às forças ocupadas nas inspeções criminais, ficarem sem punição os autores de delitos políticos, e menos, além disso, que permaneçam deficientes ambas as faculdades, em detrimento da causa pública; tampouco poderia isso jamais acontecer também relativamente à escolta de homens armados que se encontra em cada uma das comunidades do Estado, sendo que de ambas as faculdades é possível servir-se em caso de ocorrências.

3

Ainda que, posteriormente, não se tenha acatado uma classificação formal entre delitos políticos e criminais, jamais são acatadas, como já foi observado, as decisões arbitrárias que se afirmam: entre os poderes do judiciário e as políticas passa-se sempre aquela boa harmonia necessária ao bem público e ao bom serviço do soberano; são sempre observados religiosamente os limites do próprio judiciário e do político se for sempre realizada a tarefa de remeter-lhes o conhecimento dos assuntos de sua pertinência e vice-versa; nem, tampouco, sucedem as expostas confusões das incumbências das próprias faculdades, nem parece presumível que possam ocorrer por parte dos departamentos de polícia, quer pelas razões já indicadas, quer porque tratando-se principalmente do Departamento de Milão, tem-se em vista empregar no Departamento pessoas não tanto da classe comum, mas muitos civis e, inclusive, nobres, que em outros cargos deram provas de conduta louvável, tendo merecido elogios e mesmo gratificações extraordinárias, motivo pelo qual Sua Majestade de gloriosa lembrança, ainda que haja reduzido as despesas que haviam sido propostas para tal Departamento, aprovou uma remuneração bastante generosa para o diretor, vice-diretor e comissários. Mediante míseras remunerações não teria sido possível empregar senão pessoas vis e suspeitas, que em um emprego que exige tanto zelo, laborioso e odioso teriam facilmente secundado os desejos das muitas pessoas que, neste país, apreciam muito a inobservância da ordem e os abusos que com facilidade propagam-se, com o que o público teria tido justos motivos para sua própria aflição.

4

Do que foi aqui dito, dever-se-ia depreender a não comprovação do que foi assumido pelos deputados dos Públicos, que demonstram não estar informados nem da organização dos departamentos de polícia, nem de suas instruções, nem do método de procedimento dos mesmos, e menos ainda dos fatos que pretendem precisar, e que os próprios departamentos são, sem dúvida, úteis ao público, utilidade que cada vez mais será conhecida no momento em que os delitos forem classificados e as providências ulteriores sistematizadas, que, como é notório à Corte Imperial, estão sendo amadurecidas pelas respectivas comissões para tornar muito mais profícua ao público a instituição de tais departamentos, os quais, no que lhes diz respeito, se bem organizados, poderão – melhor do que quaisquer outros expedientes – não só, de maneira séria e efetiva, atender à Polícia Pública e à tranquilidade, como também fornecer ao Governo, com maior acerto, o modo de dispor de momento das informações que, de perto, possam, às vezes, interessar ao Estado e ao soberano, meta que não podia ser atingida quando as inspeções policiais, como sucedia no sistema anterior, eram divididas entre diversos indivíduos que não eram comandados por um único chefe.

II
BREVES REFLEXÕES ACERCA DO QUE CONCERNE AOS DELITOS POLÍTICOS

(1791)

Escrevo estas considerações obedecendo a uma ordem de V. Exa. com tanto maior confiança que exclusivamente a vós é dirigida, que tudo pode sobre mim, e que este Código, embora ostente no frontispício o Augusto Nome do Soberano, não é ainda aqui avaliado pela Sacra Sua Autoridade: isso realizarei da melhor maneira a mim permitida por minha bem conhecida situação, pela brevidade do tempo e pela multiplicidade dos negócios de ofício, sob a forma de simples anotações.

No § 1º da segunda parte, que trata dos delitos políticos, vejo como tais somente considerados os enumerados no próprio Código, e todas as outras transgressões das leis tratadas conforme as particulares constituições vigentes, não parecendo que estas possam e devam enumerar-se na classe dos delitos políticos. Ora, sendo as constituições particulares vigentes tão numerosas, variadas, intricadas, e as penas por estas prescritas, quase todas pecuniárias, tal determinação não parece facilmente combinável com o § 10, o qual nas penas políticas prescreve todas as multas pecuniárias, com a única exceção do caso dos jogos proibidos.

É, portanto, necessário dizer que há três classes de delitos: delitos criminais com penas mais longas e mais severas; delitos políticos com penas menores, ao menos no que se refere à duração; delitos constitucionários com multas pecuniárias. Acerca disso, reflito, em primeiro lugar, que a maior parte desses delitos de terceira espécie e, apenas, passíveis de multas, já se acham enumerados e especificados dentre os políticos, com o que se torna inútil a ressalva colocada no fim do § 1º; em segundo lugar, houvessem muitos delitos dessa espécie não enumerados entre os políticos, pareceria então que falha o fim contemplado pela Proclamação Real posto no frontispício do próprio Código, isto é, o de conferir à justiça punitiva uma orientação precisa no sentido de afastar de sua administração todo arbítrio, para estabelecer limites adequados entre os delitos criminais e os políticos, para encontrar a justa medida entre delitos e penas, de sorte a não se ter a impressão de uma medida puramente transitória.

Essas máximas veneráveis, dignas do soberano que as estabeleceu, encorajam-me a desejar que no Código fosse precisamente distinguida a qualidade do delito criminal da qualidade do delito político.

Parece-me que na hipótese de distinguir entre delito e delito, deva-se entender por delito criminal aquele cuja índole é tal que tende diretamente para a destruição do vínculo social caso não fosse punido e reprimido, e que por delito político se possa entender a transgressão ou culpa que, contribuindo para a imperfeição da sociedade, tende apenas indiretamente para a destruição desta.

Estabelecida essa distinção, apresso-me a conhecer os princípios bastantes diversos pelos quais devem regular-se uma e outra legislação penal, quais sejam, a criminal e a política; com efeito, no que se refere aos delitos criminais, deve-se ter em vista mais o exemplo do que a correção do indivíduo, enquanto, pelo contrário, no que toca aos delitos políticos, deve-se antes visar principalmente à correção e não o exemplo, ainda que em uma e em outra espécie de delito se deva cuidar de ambos.

Sendo os delitos políticos mais culpas e transgressões do que propriamente delitos, devem ser considerados como ações que preparam o ser humano para tornar-se verdadeiramente delinquente e criminoso, digno da infâmia pública, e unicamente destinado a converter-se em exemplo para outros. Portanto, devem ser punidos com os meios mais eficazes para corrigir e reter um cidadão que a lei penal desejaria conservar e não se ver constrangida a perder devido à necessidade do exemplo.

Em coerência com isso, devendo as espécies criminais servir mais de exemplo sensível, permanente e capaz de causar um terror não momentâneo, mas diuturno, convém que a pena de morte seja totalmente proscrita, sendo substituída por penas longas e terríveis, proporcionalmente ao delito. Mas devendo as penas políticas servir primeiramente como correção, e posteriormente como exemplo, devem ser medidas de modo que o exemplo não prejudique a correção, que constitui o seu objetivo principal, devendo por isso ser de caráter muito distinto das primeiras, por muito tempo mais brandas, menos duráveis e, na medida do possível, de modo algum infamantes, já que uma vez produzida a infâmia, desaparece qualquer esperança de correção que se deseje e que se deve exigir das penas políticas.

Não posso deixar de observar uma outra diferença bastante apreciável entre os delitos e as penas políticas, e entre os delitos e as penas criminais que resulta da minha distinção já apontada.

Os delitos criminais que contribuem para a destruição da sociedade são tais que, para caracterizá-los, não há necessidade de leis positivas, visto que como tais são qualificados pelo direito natural e das gentes, e mais ou menos igualmente reconhecidos e abominados em todos os ambientes, em todos os tempos, em todas as formas de governo, em todas as civilizações, seja nas nações civilizadas ou entre os selvagens. Pelo contrário, os delitos políticos que contribuem para deteriorar, mas não para destruir a sociedade, recebem sua principal qualificação das leis positivas, as quais são e devem ser diversificadas pelos tempos, pelos ambientes, pelas formas de governo, em síntese por todas as circunstâncias de uma nação; e, se no tocante aos delitos criminais, a quase invencível opinião pública é aproximadamente a mesma, no que se refere aos delitos políticos, essa opinião pública deve se alterar com todas as mudanças da sociedade; ademais, sobre essa opinião pública o soberano não exerce verdadeiramente uma influência direta, mas somente oblíqua, graças ao expediente de prover leis.

Pareceu-me oportuno expressar essas reflexões gerais porque se me afiguram coerentes com as máximas muito sábias do Edito Real por mim anteriormente exposto. Que me seja, porém, permitido refletir que, ainda que em muitos artigos – a propósito, na maioria destes –, e especialmente na divisão geral dos delitos políticos, e nos artigos preliminares e de máxima, pareçam estar contidas, não é assim em muitos artigos particulares dos delitos especiais, das penas correspondentes aí prescritas.

Que se tenha desejado conservar uma norma diversa nos delitos políticos e nos criminais indicam-me claramente os respectivos §§ 2º das partes I e II do Código; para imputar um delito criminal a alguém, pressupõe-se *má intenção e vontade livre*; para imputar um delito político, pressupõe-se uma *ação danosa oriunda da vontade livre*; maldade e dano são, portanto, segundo o Código, duas diferenças essenciais para imputar com a primeira o delito criminal, e com a segunda o político.

Uma outra característica importante para distinguir o delito político do criminal, encontra-se no § 4º, o qual dispõe que o simples atentado não admite imputação do delito político; ao contrário, no delito criminal, o simples atentado já caracteriza delito criminoso (§ 9º).

De fato, de acordo com meus princípios, a frequência dos atentados do que contribui para a destruição da sociedade é demasiado perigosa, do ponto de vista do exemplo, para não ser punida; diferentemente dos delitos políticos, em relação aos quais basta, por meio da correção e do exemplo, punir a ação; caso se quisesse punir os atentados, diante da frequência das transgressões, o remédio tornar-se-ia pior do que o mal.

Previamente expostas as apontadas reflexões, e seguindo as pegadas e o espírito do próprio Código a respeito da índole dos delitos políticos, o capítulo II fala das penas políticas, as quais, no capítulo X, reduzem-se ao castigo aplicado com bastonadas, exposição à berlinda, prisão, trabalho público a ferros, expulsão de um determinado lugar, excluídas totalmente as multas pecuniárias, com a única exceção dos jogos proibidos.

Reflito agora que aproximadamente as mesmas penas, se destas excetuar-se o encarceramento, são as estabelecidas no § 21, da parte I, para os delitos criminais, a única diferença consistindo na maior ou menor duração e em alguma circunstância particular do aprisionamento. Sobretudo a berlinda e as bastonadas são penas que, imprimindo uma marca indelével de infâmia no paciente, podem muito bem servir de exemplo e de terror aos inocentes no sentido de desestimulá-los dos delitos políticos; contudo, são incapazes de serem úteis para a correção e freio do delinquente, o que deve ser a principal meta do castigo dos delitos políticos: pelo contrário, o infligir dessas penas, muito longe de corrigir e frear tais delinquentes, somente os impelirá e estimulará a cometer delitos maiores e verdadeiros, porque aquele que é atingido por uma mácula firmada na opinião pública, e nesta somente, perdendo gradualmente todo rubor da vergonha, sempre encontra maiores motivos para se entregar às paixões mais vis, que posteriormente constituem a origem de grandes delitos criminais. E tanto mais aumenta a força desse argumento na medida em que vejo que a berlinda e as bastonadas são prescritas sem qualquer distinção entre as pessoas, sejam estas nobres, ocupando cargos, negociantes, artistas, para as quais o exclusivo aprisionamento mais brando, que não traz consigo essas penas, pode ser substituído pela prisão domiciliar, como indicam os §§ 14 e 15.

Ora, no que tange aos delitos políticos, a qualidade das pessoas constitui um dado essencial, a ser em alto grau avaliado, na dosagem de penas proporcionadas.

Poucas são as pessoas que se dispõem aos delitos criminais proporcionalmente às muitíssimas que cometem ou cometerão os delitos políticos constantes no Código, uma vez que a fraqueza humana, a força das paixões e tantos outros motivos, tanto físicos quanto morais, impelem os seres humanos a cometê-los, de sorte que se tornariam demasiado frequentes os casos da berlinda, do aprisionamento angustiante, das bastonadas, tal frequência de casos, ao invés de corrigir a nação, servindo apenas para piorá-la. A destruição do sentimento de honra nas pessoas de condição nobre, ou dotadas de civilidade, subtrai-lhes o principal motivo pelo qual elas se mantêm espontaneamente sob a observância das leis da probidade e do Estado; e rebaixando-as ao nível das pessoas da mais ínfima e vil condição, a corrupção e os vis costumes destas serão sempre mais e mais exaltados e difundidos.

É notório o princípio segundo o qual a infâmia nasce da culpa e não da pena e que, consequentemente, convêm às culpas, que por sua natureza são infamantes na opinião pública, as penas infamantes; não convêm às outras culpas que não são infamantes. Tal é o caso da maior parte dos delitos políticos, os quais não supõem maldade, mas puro dano produzido por vontade livre e que, consequentemente, não podem ser considerados como incluídos entre as culpas infamantes, e que não devem sê-lo mesmo quando algum deles produzisse alguma infâmia menor na pessoa do delinquente, se é verdade que o propósito das penas políticas seja o de corrigir e desestimular a pessoa a cometer maiores delitos.

Não vejo grande inconveniente em que, quanto aos delitos criminais, que na maioria implicam em grande maldade e perversidade e, por conseguinte, engendram grandes infâmias, os nobres sejam submetidos igualmente à mesma pena dos plebeus. As pessoas de condição mais elevada degradam-se por si mesmas ao cometer semelhantes delitos e, consequentemente, podem suportar a pena infamante, embora seja verdade que as penas aflitivas e duráveis, que substituem a pena de morte, exerçam influência mais longa e mais sensível na família inocente do delinquente, a qual, necessariamente, herda a infâmia. Além disso, as pessoas, na medida em que ocupam condição mais elevada, participam de maiores vantagens sociais, e cometendo um delito criminal idêntico ao do plebeu, o tornam maior: assim, aplicando-se a mesma pena, esta aplicação é, realmente, como se fosse maior e como é justo, porque no nobre supõe-se maior calculismo, e deste modo a pena é proporcional, por sua natureza, ao delito.

Todavia, nos delitos políticos, os quais não supõem maldade, mas a exibição de dano voluntário e que não contribuem diretamente para a destruição da sociedade nem ofendem o direito natural, que são meras culpas e não dolos, que – para nos exprimir conforme os termos do direito romano, não são *Maleficia*, mas *quasi Maleficia*, deve-se levar muitíssimo em conta a condição das pessoas, porque o bastão, que é capaz de corrigir um carregador, envilece e aniquila um nobre, um honesto negociante e qualquer pessoa civil, além de envolver toda a sua família na mais lúgubre ignomínia. A pena não é mais proporcional ao delito, mas extensivamente maior, visto que o dano da pena é incomparável ao dano da culpa.

Um outro grave inconveniente, que é produzido devido à imposição de penas excessivamente aflitivas e infamantes aos delitos políticos, é o terror e a consternação que se espalhariam entre os cidadãos com a publicação de uma tal lei penal. A maior parte dos seres humanos está persuadida a não desejar cometer delitos graves e criminosos, nem teme tão facilmente que lhe possam ser caluniosamente imputados, já que é para ela bem fácil a via para defender-se, prestando toda ajuda aos inocentes a norma do processo criminal; mas não é assim no que tange aos delitos políticos; todos entreveem a facilidade de cometê-los, tanto maior quanto são mais frequentes os casos e as circunstâncias em que se pode cometer um delito político, bastando para imputar-se a um réu um dano voluntário. O número excessivo de tais delitos, que em uma sociedade populosa e, portanto, corrompida, deve ser cometido, torna necessária a sumariedade dos processos e a rapidez nas causas, pois se assim não for haveria impunidade e seria eliminado o propósito da lei penal; estabelecido isso, cada um teme por si, teme o ódio de um caluniador, desconfia encontrar em cada pessoa um delator, e ser facilmente a vítima de um processo sumário, do rancor alheio ou da própria leviandade. Deste temor geral e desta desconfiança geral nascem os vícios que corroem a sociedade mediante um dano oculto além do real e todos os que podem furtar, o fazem. Assim, se não nascem em uma nação dócil e submetida a sedições e tumultos, seguramente ocorreria uma insensível e, talvez, também pronta emigração, tanto mais facilmente exequível quanto tal nação, como a nossa, fosse muito populosa, mas encerrada em limites estreitos e circundada por estrangeiros que, mantendo com ela contínuas relações, não deixariam de acolher os emigrados, com grave dano para nossa agricultura, e com gravíssima perda para nossa renascente indústria. A nação milanesa é dócil, obediente, nada facinorosa se for comparada a alguns de nossos vizinhos; mas é indolente e envilece facilmente. Há necessidade de estímulo, de uma educação melhor, para o que, verdadeiramente, tendem as paternais providências soberanas. A necessária frequência das penas políticas aflitivas destruiria os efeitos dessas providências, produzindo efeitos inteiramente opostos.

Duas outras considerações relativas às circunstâncias locais do nosso país levam-me a representar contra a inclusão das penas demasiado aflitivas e infamantes no Código dos delitos e das penas políticas. A primeira é que muitas famílias nobres e civis possuem, nos Estados estrangeiros, enorme quantidade de bens estáveis, muitos destes sendo a principal parte de seus patrimônios. Mas vivem, entre nós, por amor à pátria, devido a uma autêntica ligação com a augusta Casa dominante e devido aos parentes e aos hábitos contraídos. Mas todos esses vínculos podem se romper se um temor também mal fundado de incorrer com demasiada facilidade nas penas mencionadas acima invadisse suas almas; o dano poderia ser incomparável, e poderia ser evitado quando fosse utilizado algum abrandamento nas penas políticas e em algumas das criminais.

A segunda consideração diz respeito às penas infamantes enumeradas entre as penas políticas. São excessivamente grandes as relações de parentesco, matrimoniais, de negócios de todo gênero com os nossos muitos vizinhos fronteiriços para não serem suficientemente estimáveis, do ponto de vista dessas relações, os efeitos funestos das penas infamantes. Um soberano pode, até um certo ponto, influir sobre a opinião de seus súditos por meio das leis quando governa uma grande e vasta nação; não pode, contudo, influir de modo algum sobre a opinião das nações que estão submetidas a outros governos ou principados. Ora, nossa situação é tal que, fruindo a glória de obedecer a um grande monarca, assim o faz, mas de modo que nem tudo que é aplicável aos seus vastos domínios da Alemanha, Boêmia e Hungria possa nos convir, a nós que estamos circundados por nações estrangeiras que, devido às muitas e importantes relações que com elas mantemos, determinam os efeitos da opinião pública, de maneira que as leis gerais de uma grande monarquia não podem se lhes aplicar convenientemente sem o perigo de produzir danos que, de longe, são maiores do que os bens propostos na compilação de um Código geral.

Por tudo que foi até aqui expresso, parece-me que convém encerrar os delitos e as penas políticas dentro de limites mais estreitos do que aquilo que foi feito no Código; no que toca aos delitos, desejaria circunscrever-me aos que são meras culpas e transgressões, que não envolvem qualquer espécie de fraude, violência, de sedução formal e calculista para o mal, mas que se originam do simples capricho, da excitação da fantasia, da desobediência formal, para os quais se possui legítima autoridade de controle; em síntese, a todas as ações que encaminham para os delitos, mas que não são verdadeiramente delitos, e a todas as demais que, embora conturbem a ordem social, não se lhe opõem diretamente; em suma, deveria a legislação penal política barrar o mal nascente, frear o imprudente que se dirige para os delitos graves, corrigir mediante brandura, ainda que severa, as violações diminutas e cotidianas, devendo o tribunal das faltas políticas ser pai com autoridade, mas não juiz, corretor e não vingador das ações humanas. Igualmente, seria conveniente restringir as penas à detenção e ao encarceramento mais ou menos longo dentro de limites sabiamente estabelecidos no Código das penas políticas, tendo o cuidado de que a detenção fosse ou domiciliar ou em prisão separada do cárcere criminal, segundo a condição das pessoas; à privação ou suspensão dos cargos, ao fechamento por certo tempo das lojas com aviso afixado informando sobre o motivo, à detenção na cidade, ao exílio em um determinado lugar, ao desterro no campo, às admoestações públicas.

Os furtos e as fraudes, os escândalos públicos, a autêntica e manifesta sedução das pessoas honestas à corrupção dos costumes, encontro-os registrados no Código político; e como supõem genuína maldade, estão registrados no Código criminal com uma pena maior que as por mim sugeridas, porém menores que as prescritas na parte I, § 21; que em tal gênero de delitos menores e verdadeiros, a primeira sentença judicial não seja considerada segundo a norma das leis criminais, mas segundo a norma política mais branda, já que mesmo se tratando de um primeiro ato, ainda que maldoso, não supõe maldade habitual, nem subtrai a esperança da corrigibilidade do indivíduo; contudo, os reincidentes certamente não podem ser considerados sob esse aspecto; ou, segundo o que é prescrito pelo Código, os atos reiterados nem sempre a duplicam, nunca passam pela categoria dos delitos criminosos, ainda que a repetição dos atos suponha uma maldade arraigada e manifesta, e por isso merecedora de imputação criminosa. Nessa observação cabem os §§ 29, 30, 31 e 32, que dizem respeito aos furtos inferiores a vinte e cinco florins, já que a repetição dos atos não é considerada para a exacerbação da pena, ainda que um ladrão que roubasse todo dia menos de vinte e cinco florins devesse ser considerado um verdadeiro réu criminal, incorrigível pelas penas políticas, mas somente punível mediante a severidade das leis, como exemplo de outros. Entre os delitos políticos, no § 44 enumera-se o adultério. A respeito deste, devo refletir que diante da importância de conservar ilibado o laço matrimonial, que é uma espécie de propriedade recíproca e que é a base em que se apoiam a harmonia familiar, a educação dos filhos, os costumes, as relações sociais e os direitos sucessórios, poderia talvez ser o caso de enumerar um tal delito entre os criminosos. Mas quando se julga ser um melhor expediente mantê-lo entre os políticos, parece conveniente distinguir o homem adúltero da mulher adúltera, uma vez que esta pode entregar a um pai filhos que não sejam seus, diferentemente do homem, o qual misturando-se com a mulher livre, não pode produzir para a sociedade o mesmo dano e, consequentemente, não merecer a mesma pena. Omito sempre o escândalo público, que requer outras medidas, e que para ser evitado julgo igualmente sábia a determinação do Código, que não atribui a pena exceto à instância da parte ofendida, de sua parte inocente, e que diverge constantemente do adultério do consorte.

O § 69, ao admitir a expressão escândalo público, parece expor demasiado facilmente a acusações equívocas de sedução à luxúria as pessoas afirmadas como sedutoras, e a natureza de tais delitos é tal a ponto de merecer ser antes ocultada do que revelada, para não produzir aquele escândalo que o espírito da lei desejaria evitar.

O § 75 proíbe o meretrício em termos gerais, o que parece demasiado rigoroso, uma vez que não é possível evitar esse mal nas cidades populosas sem correr o risco de a juventude ardente vir a contaminar os leitos conjugais, e não procurar de todas as formas, satisfazer-se corrompendo ocultamente as pessoas honradas. Pareceria apropriado punir a prostituição quando esta esteja acompanhada de sedução escandalosa e formal, realizada em vista de ganho, e desconsiderar o resto como um mal necessário, o que parece inclusive indicado, embora não claramente, no § 76 seguinte.

Se o tempo e as circunstâncias me houvessem permitido discorrer sobre cada um dos artigos do Código político, ter-se-ia podido fazer muitas outras observações que, por seu turno, poderiam servir para esclarecer e suavizar muitos deles que, para dizer a verdade, mais pela maneira em que se acham expressos do que por sua substância, têm ocasionado uma enorme apreensão junto a todas as classes de cidadãos: e não é de causar surpresa que a multidão, bem longe de interpretar no melhor sentido, é predisposta a tomar em mau sentido as novidades. Quando se trata de sistemas novos e novas leis, a colocação dessas suavizações e desses esclarecimentos em um Código são extremamente importantes, já que os homens, que em geral regulam-se mais pelos hábitos que pelo raciocínio, estão mais dispostos a tolerar um mal maior, mas arraigado, do que um menor, mas novo.

Li, inclusive, as instruções dirigidas aos magistrados públicos acerca do modo do interrogatório, condenação e execução, relativamente aos réus de delito político, que V. Exa. confiou-me, e as reconheço geralmente como providenciadas, parecendo-me que nessa parte moderam, no modo da execução, a severidade do próprio Código, e entendo que mesmo essas instruções, retificadas em alguma parte com relação às nossas circunstâncias, deveriam ser publicadas, para que cada um veja em quais limites encontra-se circunscrita a autoridade do magistrado público, e a nação recupere-se do mal-concebido temor de que o Código penal político queira submeter os cidadãos ao rancor e ao capricho das pessoas que participam do exercício da autoridade pública.

Ocorreram-me algumas poucas observações que me parecem dignas de algum exame.

I – É cabível alguma reflexão quanto ao § 10, no qual se admite como evidência legal o depoimento de pessoa exemplar e que prestou juramento, e destinada à preservação da disciplina, boa ordem e segurança pública, e a qual haja colhido em seu fato o delinquente e o tenha admoestado, se não detido; e essa evidência é confrontada com o depoimento de duas outras testemunhas, acima de toda isenção, uniformes, que hajam prestado juramento, e confrontadas com o acusado. Ora, o atribuir o mesmo valor ao juramento de uma pessoa, ainda que exemplar, e ao que se confere a dois juramentos de cidadãos acima de suspeitas, parece-me totalmente inadmissível, seja qual for a credibilidade que o cargo possa acrescer à pessoa depoente, sobretudo se não se define quem é a pessoa exemplar com tal prerrogativa, conforme o que expressa o § 10. Essas pessoas, que devem deter de fato os delinquentes, são pessoas subalternas, interessadas em manter como verificado o delito; e essas, bem como as de melhor posição, poderiam muito bem abusar, por vingança ou outros propósitos, de tal prerrogativa, não obstante o juramento; e isso, sobretudo, nos delitos de fato, em que a inexistência de corpo de delito entrega o réu à discrição de uma só pessoa.

II – Os §§ 14 e 15 proíbem ao magistrado público a execução da pena do bastão, da berlinda e da expulsão, mas devem comunicar, relativamente a estes, a confirmação do departamento do círculo provincial quando o réu não for pessoa nobre ou esteja a serviço do soberano; e quando for, pelo próprio governo provincial; e quanto ao trabalho público, são incluídos nessa ressalva os negociantes e os artistas, contanto que sejam, por outro lado, de irrepreensível conduta e de boa reputação. A respeito disso, poder-se-ia dizer muitas coisas, mas para restringir-me à possível brevidade direi:

A) Que o juízo equívoco da boa reputação e conduta parece, segundo a letra do citado parágrafo, ser o juízo do magistrado público, do qual dependerá a solicitação da confirmação da própria sentença.

B) O bastão, a berlinda, o trabalho público são punições tão angustiantes que deveriam ser excluídas do Código das penas políticas, e mesmo quando houvesse justificativa para sua inclusão, não parecem dar conta suficientemente da segurança dos inocentes, ou da de pouquíssimos culpados ao fazer depender a confirmação de um tal castigo do departamento do círculo provincial, que seria junto a nós o intendente, ou na sua falta, o adjunto. O resultado é que um juiz forense, que constitui o primeiro magistrado público, mediante a confirmação de um intendente ou de um adjunto pode mandar ser submetido ao bastão e expor à berlinda um negociante e um artista por um delito político, enquanto por um delito criminoso uma comissão criminal de primeira instância, composta de mais pessoas, não poderá aplicar tal castigo sem a confirmação do tribunal de apelação.

C) Além disso, os nobres e as pessoas que detêm cargos podem ser submetidos ao bastão e colocadas na berlinda, e os negociantes ao trabalho público mediante a confirmação do governo provincial. A fim de não repetir o que disse sobre o inconveniente de submeter os nobres e pessoas civis, no que toca aos delitos políticos, a tais penas, rogo a V. Exa. que reflita sobre, que embora valha a pena em tal caso, a sorte dos cidadãos poder depender de um corpo colegial, não obstante esse fato, V. Exa. com a perspicácia de suas luzes, ao comparar a maneira em que é constituído o colegiado no Conselho de Governo, compreenderá imediatamente que os réus políticos encontram-se em condição pior que a dos réus criminosos. V. Exa. tem demasiada grandeza de alma para imputar-me o ousar uma tal reflexão, a qual não é seguramente aplicável ao caso presente, mas poderá surgir no futuro a circunstância que faça ver o seu inconveniente, e V. Exa. sabe melhor do que eu que as leis e os códigos devem ser feitos para o diuturno dos tempos, e não para as pessoas que atualmente têm em mãos a autoridade pública.

Escrevi essas reflexões unicamente porque é, para mim, uma honra obedecer não só a toda ordem que V. Exa. me dê, na qualidade de meu superior, como também a toda manifestação que possa dirigir-me meu particular senhor e protetor; de resto, rogo a V. Exa. perdoar os erros e omissões, contidos neste escrito, atribuindo-os à debilidade de meu talento, por não ser há muito tempo versado nas matérias criminais, nas quais falta-me sempre a prática, e à minha atual situação no que se refere ao meu trabalho e às circunstâncias de minha vida doméstica, bem conhecidas de V. Exa.

III
SOBRE O PROJETO PENITENCIÁRIO
(1791)

A fim de obedecer às veneradas ordens de V. Exa., retomei o exame do relatório reservado do Diretor Penitenciário, dirigido a V. Exa. anteriormente referida, juntamente com o projeto do novo regulamento e o relativo acompanhamento que me foi dirigido, documentos que já foram apresentados, com meu voto reservado ao Excelentíssimo Senhor Presidente no acato de suas ordens, estabelecidas de conformidade com o *Conclusum* da sessão de 21 do corrente, em que tudo voltou a se propor.

A três pontos principais dirigem-se as representações de Donadeu: *1º)* proposição, de acordo com ele, um novo regulamento penitenciário; *2º)* solicitar a demissão dos dois assistentes e coadjutor; *3º)* na representação que me dirigiu, solicita, em vista das circunstâncias por ele expostas, um aumento de remuneração.

Passemos ao primeiro.

Examinei atentamente esse regulamento e o confrontei, com a atenção permitida pela brevidade do tempo e pela multiplicidade de assuntos, com o projeto proposto pelo Régio Instituto Penal de Cremona, e com algumas modificações aprovadas pela Régia Câmara das Contas, e pelo Régio Conselho, com poucas variações e enviado para execução.

O resultado desse confronto é que, no tocante ao conjunto de todo o regulamento, não me pareceu que haja a destacar diferenças essenciais do atual regulamento, se for este exata e constantemente observado, para o que temos fortes motivos de duvidar, ao menos por culpa dos subalternos, a julgar pelo que é exibido pelo diretor nas suas queixas reservadas, quer no projeto do mesmo que foi conciliado, quer como se encontrava antes esparso no velho regulamento, quer no projeto de reforma do Instituto Penal, nas adições da Régia Câmara das Contas e nas sucessivas escassas variações do Conselho, diante do que se pode afirmar verdadeiramente que o muito em que esse projeto combina com os citados documentos proporciona-lhe uma maior clareza, a não ser por alguns poucos pontos em que as anteriores prescrições são mais precisas e especificadas. Ainda assim, destaquei alguns artigos que poderiam merecer uma ponderação superior, como por exemplo aquele no parágrafo "ocorrendo-lhe mandar fazer", em que se supõe que o diretor possa, mediante certas cautelas, por sua própria conta, mandar que os condenados dediquem-se a manufaturas, o que parece contrariar a consultoria da Câmara das Contas a respeito, excluindo – a favor de todo bom cuidado – o diretor de tal poder, o que não considero derrogado pelo Conselho, onde no parágrafo "não sendo, ademais" faculta-se ao assistente do trabalho fazer com que os condenados percebam um terço ou a metade de seu trabalho sem outra especificação, no que se deseja conceder ao principiante algum tratamento melhor a fim de estimulá-lo ao trabalho, para depois tolher-lhe o treinamento, o que não parece compatível com o caráter de um lugar de punição, e mais apropriado a uma Casa de Correção do que a uma penitenciária, e daí desejar-se deixar à disposição do mencionado assistente alguma soma para ser distribuída aos condenados por conta do trabalho deles, o que deve ser administrado com suma ponderação, visto que independentemente de outras considerações, é importante que aos condenados *ad tempus*, isto é, no maior número, seja reservado o maior pecúlio possível, para que uma vez livres, não se vejam quase na necessidade de voltar a delinquir; de onde se supõe que o abastecimento de vários gêneros possa, convenha e deva ser feito fora da hasta, o que deveria ser especificado minuciosamente por deter instruções superiores; posto que se trata de dar aos guardas um uniforme, e aos vice-diretores um distintivo; finalmente, onde se trata do poder concedido aos guardas de descarregar o arcabuz contra quem se afasta do labor sofrido, e onde se fala dos castigos e de multas aos condenados, todas essas coisas frequentemente necessárias em uma Penitenciária, mas que deveriam ser um tanto mais especificadas, e em relação às quais pareceria dever haver acordos com o superior Tribunal de Justiça, com o qual foram determinados os limites por meio da Comissão mista e os casos do castigo a ser ordenado pelo Diretor para as pequenas e momentâneas delinquências dos condenados. No que diz respeito, além disso, às multas, que me seja permitido observar que não me parecem as mais apropriadas à situação de um condenado, ao qual, mais do que sentido, prejudicial a mutilação do pecúlio reservado para depois de cumprir sua pena.

Por todos esses motivos, parece-me que conviria poder remeter o regulamento à Régia Câmara das Contas, uma vez que esta encerra muitos objetos para sua particular inspeção e já interveio com muita prudência.

Quanto ao segundo ponto, já observei que seria desejável que o diretor se desfizesse não só do segundo assistente e coadjutor, como também do primeiro que no memorando reservado a V. Exa. julgou poder conservar. Acrescento aqui que o que é mais grave diz respeito ao segundo assistente Cittelli, em relação ao qual o diretor não alimenta qualquer esperança, ao menos no posto em que se acha, nem no que tange ao seu caráter, nem no que toca à sua capacidade. Afastar três pessoas de uma vez sem que se disponha prontamente de seus substitutos, não parecendo conveniente que um desses possa ser o escriturário irmão de Donadeu, afeta o zelo da Administração, motivo pelo qual no atual regulamento os mandatos são expedidos com base no arrazoado mediante a simples ordenação, mas não mediante ordem do diretor.

Parece-me um risco excessivo à economia desse espaço. Dependerá das resoluções superiores ou ouvir reservadamente o Instituto Penal de Cremona *ou* os indivíduos objetados pelo diretor, marcadamente Cittelli em consonância com o que subordinei, no meu voto reservado, às reflexões às quais me reporto, *ou,* quando se o julgue expediente e necessário, fazer um corte pondo de guarda outros menos falhos para que cumpram melhor seus deveres. Referir-me-ei, por ora, exclusivamente a Cittelli. Será, entretanto, questão de superior equidade determinar se não convém ouvi-lo se tratar-se de demiti-lo de seu cargo; como, porém, não parece que mereça ele uma positiva expulsão, julgará talvez o Conselho mais adequado às circunstâncias a sua transferência, ou aposentadoria se não houver posto para transferi-lo.

Com referência ao terceiro ponto, não me parece, ao menos por enquanto, conveniente alterar a base orçamentária estável, aumentando a remuneração de 2.400 liras ao diretor a despeito das ponderações por ele confidencialmente apresentadas, uma vez que julgo que a Régia Câmara das Contas, tendo reconhecido a conveniência de manter essa remuneração, considerou que à medida que diante das vantagens que possam ser produzidas pela positiva economia da Penitenciária, e das vantagens que possam resultar dos trabalhos dos condenados, possa o diretor receber uma gratificação anual, mesmo por meio de algum ressarcimento, em função de vontade exclusiva do diretor de trabalhar por conta própria. O que considero desproporcional nesse caso é o magro salário do escriturário Donadeu, que importa em 300 liras. Com uma remuneração tão ínfima não pode viver um empregado que deve diariamente auxiliar o diretor na grande quantidade de escrituração que está a seu cargo, sendo que acerca disso pareceria conveniente ouvir a Câmara das Contas. Tanto mais me inclino a aprovar um aumento para o escriturário, na medida em que, sendo irmão do diretor, não deveria ter expectativa, na Penitenciária, de um cargo mais proveitoso, com o que se vem também favorecer o pedido urgente do diretor.

IV

VISANDO MELHORAR A SORTE DOS CONDENADOS

(1789-1791)

Reunidos em conferência particular, o Conselheiro Áulico Morosini e o Conselheiro marquês de Beccaria, respectivamente encarregados pelo Supremo Tribunal de Justiça e pelo Magistrado Público Cameral para ajustar as disposições concernentes ao objeto de tornar menos dura a sorte dos condenados na Penitenciária de Pizzighettone e fazer com que recebam melhor assistência, estando doentes, conforme as Soberanas determinações contidas em um motu proprio *do dia 16 de junho último, e comunicado ao Supremo Tribunal mediante documento da Conferência Governativa do dia 27 do mesmo mês.*

Lendo-se o *motu proprio* soberano pelo qual ordena Sua Majestade fazer providenciar, na mencionada Penitenciária, uma enfermaria arejada e ventilada, fornecer lençóis aos doentes e melhor alimentação em sua convalescença, e leitos independentes aos condenados agrilhoados, dos destinados aos condenados à prisão perpétua, os quais não deveriam mais estar na mesma cela, mas distribuídos um ou dois em outras celas com corrente longa para que possam passear e trabalhar para ter algum ganho, foi apontado:

Que a fim de aplicar com maior acerto as relativas disposições, deve-se, preventivamente, instar imediatamente o Régio Diretor da Penitenciária para que informe por ora diligentemente se dispõe dos lençóis necessários a serem fornecidos aos doentes da enfermaria, qual a melhor alimentação que julga poder administrar-lhes no período de sua convalescença, após ter ouvido o médico; se dispõe atualmente de leitos suficientes para todos os condenados, exceto os marcados, e aqueles cuja condenação é perpétua; se tem capacidade para distribuir os presos agrilhoados como prescreve o *motu proprio* soberano, e exponha a própria opinião com respeito à qualidade e comprimento das correntes com as quais seja provida a segurança desses mesmos presos, e ao mesmo tempo que lhes seja concedida a permissão de poder passear e realizar algum trabalho, e qual em sua opinião, e, finalmente, informe se há e qual a utilidade que pode ser prestada aos outros condenados pelo trabalho deles.

Obtidas as informações supracitadas, solicitar-se-á aos delegados que realizem os ajustes ulteriores para a pronta execução das mui clementes ordens soberanas.

(1789)

* * *

Em seguida à conferência ocorrida entre os anteriormente mencionados delegados Conselheiro Áulico Morosini e Conselheiro marquês de Beccaria, relacionada à instância solicitando ao Régio Diretor da Penitenciária as adequadas informações preventivas, como combinar quanto fosse expediente para a diligente execução do Soberano *motu proprio* relativo a tornar menos dura a sorte dos condenados na Penitenciária de Pizzighettone, e a outros análogos objetos tendo satisfeito o Régio Diretor com sua carta de 5 do corrente, tomou-se em consideração o teor da mesma com o concurso do próprio Régio Diretor e assim é apontado.

Diante do relato do dever fornecer aos doentes os lençóis, tendo ele informado que ainda que não houvessem sido nunca antes fornecidos, dispõe-se este ano de uma quantidade de tecido suficiente para confeccionar os tais lençóis, suprida mediante a inteligência da Régia Intendência das Finanças de Cremona, julgou-se dever fazer uso para tal efeito da tela supracitada, encarregando a mesma Régia Intendência de expedir as ordens adequadas ao Régio Diretor da Penitenciária para a diligente execução correspondente.

Com respeito aos leitos a serem concedidos aos condenados, independentemente dos presos agrilhoados, tendo inclusive feito presente o Régio Diretor que ao celebrar o contrato relativo ao tecido necessário este ano para as camisas, calças e outros, se teve em vista de incluir também a quantidade de tecido apropriado para prover de colarinhos a todos os condenados aos quais foi feita essa concessão, podendo-se encarregar, como anteriormente, a Régia Intendência para as ordens correlativas quanto a onde serão formados os ditos leitos. No que se refere à melhor alimentação dos convalescentes para restituir seu vigor, concordou com a opinião do próprio Régio Diretor, à qual se conformou quase totalmente, inclusive o parecer do médico Giuseppe de Albertis, havendo ele apenas sugerido precisar o peso por soldo de pão, proposto pelo diretor a cinco onças; e que devesse o médico ficar livre para modificar a dieta geral e teor da necessidade particular de alguns enfermos.

A Comissão julgou nada dever acrescer relativamente ao soldo de pão proposto pelo Régio Diretor atendendo à sugestão do próprio médico Albertis, tratando-se de um detalhe secundário que poderia produzir algum desconcerto na execução; foi mantido, todavia, o poder do médico de modificar a dieta geral; assim, fixou-se que aos condenados destinados à dieta se deva dar quatro onças de arroz por prato de comida, um ovo ao meio-dia e um soldo de pão na sopa de pão à noite.

Aos outros em verdadeira convalescença, um soldo de pão na sopa de pão, ou oito onças de farinha de milho na polenta pela manhã, seis onças de arroz por prato de comida, seis onças de carne, um soldo de pão, e uma medida de vinho ao meio-dia, e um soldo de pão na sopa de pão à noite.

Passa-se à segunda parte do supramencionado *motu proprio* Soberano, que diz respeito a distribuir os condenados presos agrilhoados, um ou dois por cela e alongar suas correntes para que possam passear e trabalhar para obter algum ganho; quanto à distribuição dos ditos condenados, tendo referido o Régio Diretor que há quatorze casamatas que hoje servem para os condenados curados, e sendo somente dez os presos agrilhoados, dispõe-se de lugar suficiente para colocar um por casamata –

sustenta a Comissão que se pode ordenar imediatamente a execução.

Igualmente com referência ao alongamento das correntes, concordou-se com a opinião do Régio Diretor, que sendo hoje a respectiva corrente de somente quatro braças, pode ser alongada em mais dez braças, com a ressalva, porém, de que o cadeado que atualmente se prende aos ditos condenados a fim de os prender ao muro, representando um enorme peso para os próprios condenados, possa, ao contrário, ser preso à grande argola fincada no muro próximo da terra, e não no alto, para que os condenados não tenham de suportar o peso do próprio cadeado, e possam passear mais comodamente.

Finalmente, quanto ao trabalho, uma vez apresentada pelo Régio Diretor a qualidade do trabalho ao qual atualmente dedicam-se os outros condenados, e a modicidade do ganho que geralmente dele extraem não ultrapassar os pagamentos de dois deles no que toca ao dia, julgou-se que se possa permitir aos tais presos agrilhoados o mesmo trabalho que é admitido na Penitenciária, porém sempre adaptado à situação e capacidade deles, sendo por ora equiparados aos outros condenados com relação ao pagamento.

Reservam-se, ademais, aos Delegados o direito de submeter, em seguida, sua própria opinião com respeito à parte do mesmo *motu proprio* Soberano que ordena a adaptação de uma enfermaria na Penitenciária, no sentido de que os relativos ajustes sejam feitos oportunamente com Régio Conselheiro Superintendente das Construções Camarárias.

(1791)

* * *

A fim de cumprir adequadamente as ordens de Sua Majestade, contidas no *motu proprio* do dia 16 de junho último, de tornar livres as celas da Torre de Penitenciária Romana e alojar os detidos nos espaços do novo edifício da polícia na Casa de Correção, com a possível presteza foram efetuadas as apropriadas adaptações em tais espaços afim de que possam ser empregados como celas para que para estas sejam transportados os detidos mencionados.

Tendo, entretanto, o Régio Delegado da supramencionada Casa de Correção, mediante representação de 23 de julho último, apresentado a necessidade de acrescentar ao menos quatro carcereiros, inclusive um carcereiro-chefe para segura custódia dos encarcerados supracitados, vimo-nos no dever de consultar, a respeito do que é necessário, o Régio Capitão de Justiça, e com seu relatório de 12 do corrente e 24 sucessivo apresentado originalmente, declarou que, com base nas informações obtidas e na inspeção ocular das celas supramencionadas, reconheceu-se, de fato, a necessidade de realizar o aumento dos quatro carcereiros propostos, incluindo um carcereiro-chefe, e, com o fito de tornar menos dispendioso ao Régio Erário a despesa decorrente, concebeu transferir para a Casa de Correção o guardião da Torre da Penitenciária Romana e seu ajudante, o primeiro para o posto de carcereiro-chefe com o pagamento de 35 soldos diários, e o outro para o posto de carcereiro, indicando que os outros dois carcereiros poderiam ser selecionados entre os seis restantes da seção da companhia de infantaria, a assim considerada interina, levando a ponderar que esses soldados de infantaria, aliás sem chefe, seriam mais úteis se dois deles fossem empregados para a função proposta e os demais distribuídos nos quartéis que suprem a guarda urbana.

O já mencionado Régio Delegado, além disso, mediante representação adicional de 23 do corrente, solicita instruções precisas tanto quanto aos carcereiros a serem adicionados pela razão apontada, como quanto ao tratamento dos detidos, no que tange ao seu tipo de alimentação, as despesas ligadas à sua custódia, a assistência espiritual e os socorros em caso de doença.

Consideramos que tudo isso que se relaciona com a disciplina dos detidos depende diretamente dos Tribunais de Justiça e, portanto, restringindo-nos ao que diz respeito às inspeções do Magistrado, encontramo-nos no dever de submeter à Conferência Governativa, que diante das razões aduzidas tanto pelo Régio Capitão de Justiça quanto pelo Régio Delegado da Casa de Correção, também nós julgamos necessário, para a custódia segura dos nove detidos que serão transferidos para as celas supramencionadas, que sejam adicionados os propostos quatro carcereiros, incluindo o carcereiro-chefe, igualando-os no pagamento aos demais carcereiros adidos àquele lugar de correção, aos quais, feitos pagamentos de 30 soldos diários aos carcereiros e 35 aos carcereiros-chefes, ficando, porém, bem entendido que estarão subordinados, no exercício de sua função, ao chefe geral da carceragem de tal Casa.

Consideramos vantajoso para o Régio Erário que o atual guardião da Torre de Penitenciária Romana e seu assistente sejam transferidos para o posto de carcereiro-
-chefe, relativamente ao primeiro, e carcereiro, relativamente ao segundo, na Casa de Correção supracitada, e se a Conferência Governativa considerasse compatível com os objetivos da justiça penal a abolição da supramencionada seção interina de infantaria, tal como propõe o Régio Capitão de Justiça, não poderíamos senão admitir como conveniente que o número supracitado dos carcereiros seja completado com dois desses infantes.

Quanto à assistência espiritual a ser prestada aos detidos, também mencionada, parece suficiente encarregar da mesma o próprio orientador espiritual que atualmente dá assistência a esses condenados; com respeito, ademais, aos socorros prestados aos detidos em caso de doença, existindo em tal Casa de Correção a enfermaria, e sendo iminente a presença de um médico e de um cirurgião para esses condenados, não se afigura necessária nenhuma outra providência.

Ademais, a sorte dos delinquentes que serão custodiados nas celas da Casa de Correção devendo ser igual à dos detidos nas celas do Régio Capitão de Justiça não me parece que deva ser adotada a proposta do supramencionado Régio Delegado, no sentido de abolir os pagamentos feitos pelos detidos que podem pagar a título de ingresso nas celas, custódia e liberação das mesmas, mas mantido o maior pagamento que na Casa de Correção em pauta é feito aos carcereiros, e quanto à prática aí vigente de não exigir dos detidos nenhum dinheiro, somos da opinião de que os produtos anteriormente indicados devam ser recebidos a favor da Régia Câmara.

Quanto, ademais, à instância feita pelo delegado supramencionado para que seja providenciada uma lâmpada para iluminação noturna na construção onde se acham as celas, e para que no inverno seja providenciado o aquecimento para a guarda responsável pela custódia dos detidos em vista à necessidade de haver tais comodidades, exposta pelo mesmo, não podemos senão ser do parecer de concedê-los, com a exclusão, contudo, de qualquer contribuição dos detidos para o custo da manutenção disso decorrente.

Quanto, ainda, à maior liberdade que o Régio Delegado propõe conceder aos detidos, unicamente a título de débito civil, no sentido de permitir-lhes passear em certas horas do dia pelos corredores fechados e relativamente ao plano concebido pelo mesmo Delegado de tornar operosos os detidos mediante o castigo da aplicação de algum trabalho penoso, na medida em que essas questões interessam à disciplina dos encarcerados reservada aos Tribunais de

Justiça, dependerá da Conferência Governativa determinar se o Magistrado deve tratar com os próprios Tribunais da negociação para estabelecer os necessários ajustes. Ponderamos, entretanto, que mesmo no passado, nas celas da Malastalla, onde os detidos eram custodiados por débito civil, era-lhes permitido passear naquele recinto, inclusive fora das celas, podendo, portanto, também na Casa de Correção, ser mantida essa prática. No tocante, ainda, aos trabalhos penosos que se desejaria empregar com os presos, a título de castigo, ou se trata de condenados por um determinado tempo àquele lugar de correção, e estes com certeza, de acordo com a máxima vigente, devem ser operosos, ou se trata de detidos cuja causa não foi ainda ultimada, não devendo estes ser desviados em função de trabalho dessa natureza, nem aproximados de algum a fim de evitar os inconvenientes que facilmente serão interpostos quando descoberto o delito do qual são imputados.

Quanto, finalmente, à alimentação a ser administrada aos referidos encarcerados, ou trata-se de detidos por débito, ou de corrigidos que podem pagar, e neste caso o abastecimento está a cargo deles e dos credores, ou se trata de corrigidos miseráveis e de processados por título criminal e pobres, e neste caso os alimentos deveriam estar a cargo do Régio Erário na qualidade e quantidade fornecidas, relativamente aos primeiros, aos outros condenados na Casa de Correção em pauta, e quanto aos segundos, aos detidos nas celas dos cárceres do Régio Capitão de Justiça, para cujo efeito o Régio Delegado deverá, com o próprio Régio Capitão, providenciar os devidos ajustes, com o que será abolida a prática abusiva de ficarem tais alimentos sob a custódia dos cárceres.

São estas as nossas subordinadas reflexões, as quais, na medida em que se trata de um assunto que pode ser considerado de competência mista, não deixamos de enviar à Conferência Governativa a fim de dispor de suas determinações superiores mediante o retorno dos documentos.

(1791)

V
SOBRE A CASA DE CORREÇÃO

(1791)

Ao Secretário Áulico D. Luigi Lambertenghi, Delegado no Instituto da Casa de Correção.

Pela representação do Secretário Áulico e Régio Delegado ao Instituto da Casa de Correção, de 25 de julho p.p., fica inteirado o Magistrado Público Fiscal dos acordos do mesmo, oportunamente assumidos com o Régio Conselheiro Superintendente das Construções, relativamente à execução das adaptações que devem ser realizadas onde atenderem aos usos prescritos por S. M., a parte da construção que já foi adicionada à dita Casa de Correção para o uso da Polícia; e sustenta estar suficientemente suprido relativamente às próprias adaptações que constam da nota anexa à supracitada representação. Quanto, ademais, à destacada necessidade de aumentar o número das guardas, o Magistrado reserva-se prover na sequência às ocorrências que, a propósito, se reclamam pelo Régio Capitão de Justiça, que envolvem também a prevista dificuldade de manter separados os corrigidos em tantos lugares isolados, no caso do número deles aumentar acima dos atualmente existentes, caso em que aguardará o Magistrado que o Régio Delegado participe a verificação da circunstância que se interpusesse à sua separação recomendada por Sua Majestade, de sorte a prover o modo que seja compatível ou representar o ocorrido para as determinações superiores. Nessa conjuntura, não pode ao menos o Magistrado reclamar a conhecida atenção e o entendimento do mencionado Régio Delegado a respeito das manufaturas que

S. M., nos artigos comunicados do relativo *motu proprio*, entende sejam introduzidas na dita Casa, onde diante do prospecto que será apresentado, acha-se ao alcance do Magistrado dar resolução como efeito das Soberanas prudentes intenções, em que todos os corrigidos terão como ocupar-se utilmente de uma maneira que seja compatível com as condições acarretadas pelo contrato vigente de Manzoni.

Ao Régio Capitão de Justiça de Milão.

Tendo sido levadas, pelo Magistrado Público Camarário, ao superior conhecimento e resolução da Conferência Governativa, as diversas proposições de 24 de dito mês, conjuntamente com as ponderações do próprio Magistrado, combinadas aos especiais registros de ocorrências do Régio Delegado na Casa de Correção, a propósito dos vários artigos de providências tornadas oportunas pela transferência dos detidos nas celas da Torre da Penitenciária Romana para aquelas que foram mais recentemente adaptadas na construção, já destinada ao uso da Polícia, erigida junto à dita Casa de Correção, a mesma Conferência sancionou o decreto do dia 17, que aqui se anexa em cópia rubricada, determinando o que segue:

1) Que seja suprimida a chamada seção interina dos infantes, e que dois destes sejam destinados à guarda (carceragem) dos detidos anteriormente mencionados, além do guardião da Penitenciária Romana e seu ajudante, o primeiro com o posto de carcereiro-chefe, e o segundo com o de carcereiro, com o proposto salário, o primeiro de 35 soldos diários, e o segundo com o usual salário de carcereiro da Casa de Correção, como também outros dois destinados à carceragem, com o pagamento diário de 30 soldos, devendo ficar aos cuidados e a juízo do Régio Capitão de Justiça providenciar do modo que lhe pareça mais adequado relativamente aos demais membros da supracitada infantaria interina a ser suprimida.

2) Que com respeito à assistência espiritual a ser prestada aos detidos, a que se faz referência, basta a providência de encarregar o orientador espiritual dos corrigidos; e que no tocante aos socorros necessários no caso de doença dos mesmos detidos, deve-se fazer uso da enfermaria que ali já existe, devendo eles igualmente serem assistidos e curados pelo médico e pelo cirurgião que em breve serão nomeados e assalariados pela Casa de Correção.

3) Que, devendo ser mantidos os ditos presos em sorte e condições iguais às custodiadas nas celas do Departamento de Justiça, não ocorra a eliminação dos pagamentos que são recebidos dos detidos que podem pagar a título de *ingresso nas celas, custódia e liberação* das mesmas, e mantido o maior pagamento que na Casa de Correção em pauta é pago aos carcereiros, e a prática aí vigente de não exigir dos detentos nenhum dinheiro, os próprios produtos devendo ser recebidos a favor do Régio Erário.

4) Que à noite, na construção em que se acham as celas, seja instalada na posição mais adequada uma lâmpada para iluminação, e na estação hibernal a guarda que deverá zelar pela custódia dos presos conte com aquecimento, ficando, contudo, excluída qualquer contribuição dos próprios detentos para cobrir a despesa de manutenção quer do aquecimento, quer da iluminação.

5) Que relativamente a uma discreta liberdade de permitir a presença dos próprios detidos dentro do recinto, como era permitido em Malastalla, sob a condição conveniente de alguns deles serem empregados em algum gênero de trabalho pesado, que se aja conforme as Soberanas máximas para os corrigidos, e isso segundo a norma da qualidade e das causas diversas dos próprios detidos, esses assuntos sendo do interesse da disciplina, que se logrem os necessários ajustes com os Tribunais de Justiça.

6) Finalmente, no que concerne à alimentação a ser administrada aos referidos encarcerados, fica prescrito que, ou tratando-se de detido por débito ou por correção, sendo estes capazes de pagar, neste caso o custo do abastecimento ficará a cargo deles ou dos credores; ou tratando-se de corrigidos miseráveis, ou de processados por título criminal ou pobres, neste caso a despesa dos alimentos deverá ser coberta pelo Régio Erário na qualidade e quantidade administradas, com respeito aos primeiros, dos demais condenados na Casa de Correção em pauta, e quanto aos segundos, correspondentes aos detidos nas celas dos cárceres do Real Departamento Criminal, para cujo efeito os devidos ajustes deverão ser feitos entre o Régio Capitão de Justiça e o Régio Delegado da Casa de Correção.

Ciente de tal modo o Régio Capitão de Justiça do detalhado teor das Superiores determinações, aqui fica confirmado, afirmando-se que a partir de agora é transferido do Magistrado Público Camarário o correspondente encargo para o Régio Delegado da Casa de Correção, e se comunica, para efeito de prevenção, o Real Tribunal de Apelação para as questões de inspeção de sua alçada, não significando com isso que possa haver, envolvendo a Régia Câmara das Contas, por tudo isso, inclusive em decorrência dos ajustes que serão assumidos, relação com as questões de contabilidade e administração econômica de tal Casa de Correção; e estará, ademais, aos cuidados especiais do mencionado Régio Capitão de Justiça a notificação à Câmara das Contas do nome do chefe geral da carceragem, do carcereiro-chefe dos mencionados carcereiros, dos outros dois carcereiros, mas não dos membros da chamada seção da infantaria interina, que estarão adidos aos quartéis, ou de outro modo destinados, no que a mesma Régia Câmara permanece, segundo as formas regulares, habilitada a moldar em conformidade as anotações e disposições que dizem respeito ao seu instituto.

VI

VOTO SOBRE A PENA DE MORTE

(1792)

A Junta Criminal, ao estender os Prolegômenos do novo Código Penal a ser submetido à Soberana aprovação, moldado nas bases prescritas no § III do Despacho Cesáreo Real de 13 de agosto de 1790, teve que fazer o cálculo e a escala das diversas penas que serão prescritas nesse Código, para posteriormente impô-las aos diversos delitos com a devida proporção, também nisso seguindo o louvável exemplo dos Códigos austríaco e toscano, propostos por norma no Despacho anteriormente mencionado.

Logo foi insinuada a importantíssima e tão debatida questão de, se entre essas penas, se deveria enumerar a pena de morte. Os pareceres da Junta ficaram divididos, de sorte que parecia, à primeira vista, não ser possível progredir na extensão do Código Penal se antes, não fossem desconsiderados os diversos pareceres do Soberano oráculo de Sua Majestade para aguardar-lhe a decisão – a menos que fossem feitos tantos códigos diferentes quantas eram as diferentes opiniões dos respectivos componentes da Junta, com elevadíssimo dispêndio de tempo e de trabalho. Mas ponderemos que no seguinte todos concordavam, a saber, que a pena de morte devia restringir-se a pouquíssimos delitos e reservar o puro e simples infligir desta como último suplício, omitindo totalmente como inúteis e selvagens aquelas exacerbações ulteriores que costumam acompanhar nos antigos códigos, nos delitos mais graves, a pena de morte, vendo-se de chofre que se podia avançar, pela Junta, no seu trabalho, destinando aos delitos máximos o último suplício, e manifestando à margem os votos a favor da pena de morte e os votos a favor da sub-rogação da pena, que seria, a nosso ver, o labor público mais ou menos duro, proporcionalmente à gravidade dos próprios delitos.

De fato, três de nós subscritos fomos do decidido entendimento de aplicar a pena de morte somente no caso de uma positiva necessidade, e esta positiva necessidade, no estado pacífico de uma sociedade e sob a regular administração da justiça, não soubemos distingui-la fora da condição de um réu que, tramando a subversão do Estado, ainda que encarcerado e ciosamente custodiado, estivesse, graças aos seus contatos externos ou internos, ainda em situação de novamente perturbar a sociedade e pô-la em perigo. Outros foram do parecer de acrescentar a esse caso o de um réu que, além do delito por si mesmo capital, somasse ainda o assassínio, como o assaltante de estrada que à subtração violenta da coisa roubada acrescentasse o atentado contra a vida do assaltado; outros, finalmente, acreditaram ser necessário estender a outros delitos, sempre gravíssimos, a mesma pena de morte. Todos, porém, concordamos no entendimento de que no caso de francas sedições, tumultos e reuniões tumultuadas possam ser estes reprimidos momentaneamente, mesmo incluindo a morte dos rebeldes que ofereçam resistência, uma vez que esta não é uma pena legal de morte, mas o efeito de uma verdadeira intimação de guerra.

Devemos a nós mesmos e ao zelo que nos anima, no serviço real e público, expor franca e sucintamente os motivos que nos conduziram, nesse entendimento, a sustentar que estamos animados no exemplo combinado dos Códigos austríaco e toscano, dados por norma. O primeiro, no artigo 20, capítulo II, primeira parte, prescreve claramente que a pena de morte não deva mais ocorrer, exceto nos casos do assim chamado procedimento estatário, ou seja, sumaríssimo, e está claro pelo contexto e pela razão que o procedimento estatário não é admitido nem admissível senão nos casos de perigo iminente para o Estado, como os casos de insurreição e tumulto. O segundo, no capítulo 51, abole a pena em pauta para qualquer crime capital, aduzindo para isso as razões plausíveis e genuínas; e é de se notar que ambos os Códigos excluem a pena de morte também para aqueles delitos que dizem respeito às ofensas, de qualquer espécie que sejam, feitas diretamente à pessoa do Príncipe.

Prescindindo por um momento da autoridade que devem exercer sobre nosso entendimento subalterno os dois mencionados Códigos, a qual deve ser para nós epítome, seguindo a esteira luminosa do supracitado artigo 51 do Código toscano e a de homens mais intrépidos que mantiveram a mesma sentença, cremos que a pena de morte não seja conveniente, salvo no caso que indicamos, primeiro, porque não é justa, não sendo necessária; segundo, porque menos eficaz do que a prisão perpétua aparelhada com uma publicidade suficiente e reiterada; terceiro porque irreparável.

A fim de provar que é desnecessária, basta ponderar que para uma pena ser justa deve haver apenas aquele grau de intensidade suficiente para dissuadir os homens relativamente aos delitos. Ora, não existe ninguém que, refletindo, possa escolher a plena e perpétua perda da liberdade por mais vantajoso que possa ser um delito. Conclui-se, portanto, que a intensidade da pena de escravidão perpétua substituindo a pena de morte apresenta o suficiente para remover qualquer vontade determinada. Ajunte-se, ademais, que é mais consentâneo com a natureza humana preferir a morte a uma escravidão perpétua e miserável.

Que, além disso, a pena de morte possa considerar-se necessária para servir de exemplo com o fito de reprimir os crimes mais graves, seria preciso provar mediante fatos, fazendo ver que onde a pena de morte foi aplicada com maior frequência, tais crimes foram em menor número do que onde a mesma pena de morte era menos utilizada ou não utilizada de modo algum. Ora, se nos propusermos a olhar com a visão imparcial e tranquila do legislador para os tempos idos e para os países tanto os que nos são vizinhos quanto para os distantes, nos quais a pena de morte é restringida a crimes maiores, constataremos, muito pelo contrário, que onde as penas foram mais moderadas, mas precisamente porque tais, mais inexoráveis contra os criminosos, havendo menores motivos para deixá-los na impunidade, nesses lugares os crimes tornaram-se menos frequentes, porque a índole dos seres humanos é pouco a pouco moldada mediante a moderação das leis.

Para provar que a pena de morte é menos eficaz do que a pena à prisão perpétua e pública, basta ponderar que não tanto a gravidade da pena, mas sim a sua inevitabilidade, desde que proporcional aos delitos, constitui o meio mais eficaz para reprimi-los, e que não é o terrível e passageiro espetáculo da morte de um celerado, mas sim o longo e reiterado exemplo de um ser humano privado da liberdade, que recompensa com seu trabalho a sociedade que ofendeu, que é o freio mais forte contra os crimes. Esse eficaz retorno, porque repetido com muita freqrência sobre nós mesmos, com a mensagem de que seríamos reduzidos a uma tão longa e miserável condição cometendo tais crimes, tem um poder tão superior à visão da morte que os homens o vrem sempre obscuramente distanciado com a esperança de evitá-lo para si mesmos, e com um sentimento de compaixão com relação aos que, atualmente, suportam essa pena. Além disso, com a pena de morte, todo exemplo dado à nação supõe um crime; na pena da escravidão perpétua, um só crime proporciona numerosos e duráveis exemplos; e se é importante que os seres humanos vejam frequentemente mediante dos fatos o poder das leis, as penas de morte não devem estar muito distanciadas entre si. Portanto, supõem a frequência dos crimes. Assim, para que esse suplício seja eficaz é necessário que não produza nos seres humanos toda a impressão que deveria produzir, isto é, que seja eficaz e não eficaz ao mesmo tempo.

A pena de morte é, ademais, menos eficaz, porque estando, como todos concordamos, encerrada nos limites dos crimes máximos e mais atrozes, não pode – por ser instantânea – tão facilmente ser proporcional ao número e atrocidade dos mesmos, já que é evidente que, por mais bárbaro que seja um assassinato, não pode um outro celerado cometer também outros mais bárbaros e os cometer em maior número. Para evitar o inconveniente de punir com a mesma pena crimes mais graves e mais numerosos, a pena de morte deveria ser avaliada na realidade e não pela aparência, pelos suplícios mais atrozes e requintados, acrescendo assim um exemplo legal de crueldade àquele suficientemente incoerente de punir o homicídio com um outro homicídio.

Finalmente, deduzimos a inconveniência da pena de morte, como irreparável, da inevitável imperfeição das provas humanas. Mesmo que a pena de morte fosse justa, mesmo que fosse a mais eficaz das penas, para ser aplicada com justiça a um réu seria necessário que as provas de sua culpa fossem tais que excluíssem a possibilidade de provas em contrário. Isso provém visivelmente da irreparabilidade da pena de morte. Ora, se são exigidas tais provas para sentenciar um réu, não ocorreria jamais o caso que ensejasse uma tal pena. Tampouco se diga que poderia ser útil deixá-la como aviso no Código para mero efeito de terror, uma vez que retirada factualmente a execução, subtrai-se a maior eficácia do exemplo, que consiste na inevitabilidade da pena, mesmo diminuindo a força das outras leis penais. Entretanto, diante do fato e com base no exame de todas as legislações, conclui-se que as provas suficientes para sentenciar um réu à morte não foram nunca tais que excluíssem essa possibilidade em contrário, uma vez que nem as provas testemunhais, ainda que fossem mais de duas, nem as provas por múltiplos indícios e independentes entre si, mesmo que equipadas com a confissão do réu, não são tais que excedam os limites da certeza moral, a qual, se bem examinada, não passa de uma sumária probabilidade e nada mais. Não são inauditos os exemplos, em quase todas as nações, em que supostos réus foram sentenciados à morte com base na suposta incontestabilidade das provas. Tampouco desejamos acusar disso sempre a imperícia, a negligência ou a má vontade dos juízes, mas sim a inevitável imperfeição da lei. Todas as vezes que não se pôde ocultar dos olhos do público esses erros quase inevitáveis da magistratura, erros em relação aos quais o tempo soube prontamente evidenciar a inocência dos pretensos réus, considerou-se sempre tal acontecimento como uma calamidade pública, e os magistrados tornaram-se vítimas da execração pública por uma culpa que não lhes cabe. Colocados, portanto, na necessidade de dever seguir, na condenação dos réus, a luz nem sempre muito clara da certeza moral, não há comparação entre uma pena que é, de um modo ou outro, reparável enquanto o réu vive, com a pena de morte, por ser esta irreparável após a morte do réu, isto mesmo na hipótese de a pena ser intrinsecamente justa, e realmente mais eficaz que a prisão perpétua – hipótese que estamos bem longe de admitir. Dir-se-á que também no caso que é para nós admissível sentenciar à morte, um réu é submetido ao mesmo inconveniente da não exclusão de provas em contrário, mas rogamos que se pondere que no nosso único caso somos postos entre duas necessidades contraditórias: uma delas a de livrar o Estado de um perigo imediato de subversão, e a outra a de esbarrar em um perigo bastante remoto de matar um inocente – e entre esses dois perigos, é evidente que somos forçados a esbarrar no segundo, devido a uma necessidade de fato, de modo a evitar o primeiro que, no máximo, não teria para si senão a necessidade do exemplo, ou seja, do direito. Não se trata, portanto, de uma mal compreendida compaixão pelos celerados, o que nos move aqui a abolir a pena de morte: muito menos porque acreditemos em impugnar o direito do Soberano legislador de prescrevê-la se, com Seu entendimento Superior, a julgasse necessária à repressão dos crimes. Se assim o pensássemos, acreditaríamos ser nosso preciso dever propô-lo, e rogar-lhe que se afastasse do sublime exemplo dado por nosso atual Augusto Soberano ao tê-la abolido em todos os casos na Toscana, uma vez que ousamos fazê-lo relativamente ao único caso do réu que, embora preso, pudesse, não obstante, influir na subversão do Estado, o que, por outro lado, deveria ser reservado exclusivamente à Sua Soberana decisão sob consulta do Supremo Magistrado.

Antes de concluir este nosso entendimento, devemos insistir na ênfase de que a pena que indicamos como substituta da pena de morte, supõe uma suficiente e reiterada publicidade; que, em consonância com isso, uma única Penitenciária confinada em um canto da província não parece a mais apta para proporcionar aquele exemplo reiterado e eficaz ao público que contemplamos. Acreditamos, portanto, ser conveniente fixar as Penitenciárias nas diversas cidades para que a pena estivesse diante dos olhos do público.

A divisão e classificação das Penitenciárias seriam, inclusive, úteis para descobrir com maior facilidade os trabalhos públicos análogos a servirem de pena, além de serem úteis para remediar a desordem causada pela mistura de réus de diversas espécies de delitos, e condenados a vários graus de pena, em um mesmo lugar.

Não cabe aqui o desenvolvimento dessas ideias, bastando tê-las apontado, tanto mais que a Junta pensa, por seu turno, em lhes conceder o mais atento exame. A nós bastou abordá-las o suficiente para demonstrar que a pena dos trabalhos públicos pode tornar-se muito eficaz e útil ao objetivo de toda boa legislação criminal, que é primeiramente a correção do réu quando possível, e sempre o exemplo proporcionado aos inocentes para afastá-los do crime, e que a pena de morte, se é a mais expedita para se livrar dos criminosos, não é a mais conveniente para reprimir os crimes.